Perlen–tiere

Sabine Koch

Katze (Abbildung Seite 1)

🐾🐾🐾🐾🐾🐾🐾🐾🐾🐾🐾🐾🐾

Material:

🐾 Rocailles opak: schwarz, rot, weiß
🐾 Nylonfaden

Fädle zwei weiße Perlen auf das rechte Ende des 1,20 m langen Fadens und ziehe das linke Ende gegengleich durch. Nun folgt die erste Seite, die Oberseite des Kopfes, mit zwei weißen Perlen. Arbeite die Katze nach der Zählvorlage, wobei du für die Unterseite nur weiße Perlen verwendest. In der letzten Reihe angekommen, nimmst du den rechten Faden und ziehst ihn durch diese Reihe zurück. Dabei überspringst du eine Perle. Nun befinden sich beide Nylonfäden auf der linken Seite. Auf einen Faden fädelst du für den Schwanz sieben weiße und drei schwarze Perlen. Diesen Faden führst du wieder durch die sieben weißen und drei schwarzen Perlen zurück, wobei du eine schwarze Perle überspringst. Zum Schluss wird der Faden verknotet und verschweißt. Für die Ohren ziehst du mithilfe einer Nadel je ein Stück Nylonfaden durch die äußeren Perlen der zweiten und dritten Reihe an beiden Seiten des Katzenkopfes durch. Fädle die Perlen

beidseitig gemäß der Vorlage auf. Die letzte Perle nur einmal auffädeln! Es folgt noch das Verknoten und Verschweißen. Den Schlüsselanhänger kannst du am Kopf der Katze befestigen. Ziehe 30 cm Nylonfaden durch die ersten zwei Perlen am Katzenkopf. Dann ziehst du über beide Schnüre 12 weiße Perlen. Nun nimmst du die Schnüre auseinander, fädelst 25 schwarze Perlen auf die rechte Nylonschnur und ziehst das linke Ende gegengleich durch. Den Nylonfaden musst du nun noch verknoten und verschweißen.

Tipp: Ziehst du ein Stück Draht durch den Schwanz, so lässt er sich biegen.

```
OOOOOOOOOOOOOOOOOOOOOOOO
OOO●OOOOO●OOOOOOOOOOOOOO
OO●●OOO●●OOOOOOOOOOOOOO
OOOO●OO⊙OOOOOOOOOOOOOOO
OOOO⊙⊙OOOOOOOOOOOOOOOO
OOOO⊙⊙OOOOOOOOOOOOOOOO
OOO⊙●OOO●OOOOOOOOOOOOO
OOOO●⊙●OOOOOOOOOOOOOO
OOOOO⊙OOOOOOOOOOOOOOO
OOOOO⊙OOOOOOOOOOOO●●OOO
OOOOO⊙OOOOOOOOOOOO●OOO
OOO⊙⊙⊙OOOOOOOOOOOOOOO
OOO⊙⊙OOOOOOOOOO⊙OOOO
OOO⊙OOOOOOOOOOOO⊙OOOO
OOO⊙OOOOOOOOOOO⊙OOOO
OOO●●●●⊙OOOO⊙OOOOO
OOOOOOOOOOOOOOOOOOOOOOOO
```

Dieses Buch möchte ich meiner Mutter Emmy Koch widmen. Auch möchte ich meinem Bruder Karlheinz Koch und meiner Freundin Brigitte Kais für die hilfreiche Unterstützung danken.

2887. Neu gestaltete Auflage von TOPP 2485.

Fotos: frechverlag GmbH, 70499 Stuttgart; Fotostudio Ullrich & Co., Renningen

| Auflage: 8. | Letzte Zahlen | © 2001 |
| Jahr: 2007 | maßgebend | |

frechverlag GmbH, 70499 Stuttgart

ISBN 3-7724-2887-8 · Best.-Nr. 2887

Druck: frechdruck GmbH, 70499 Stuttgart

Hallo, Kids,

aus vielen bunten und schillernden Perlen und ein wenig Nylonfaden entstehen die schönsten Tiere. Sie zieren eure Rucksäcke oder Mäppchen und als Schlüsselanhänger könnt ihr sie ebenfalls verwenden. Auch ein einfaches Kleidungsstück läßt sich durch ein gefädeltes Perlentier aufpeppen. Als Geschenkanhänger ist es eine tolle Verzierung, die aus einer alltäglichen Verpackung ein liebenswertes und persönliches Geschenk macht. Als Kettenanhänger, Ohrring oder Brosche kommen die Tiere ebenfalls gut an. Die plastisch gearbeiteten Figuren könnt ihr vielseitig verwenden. Ihr seht, eurer Fantasie sind keine Grenzen gesetzt. Nun viel Spaß beim Fädeln!

Eure Sabine Koch

Material und Hilfsmittel

Material

- Nylonfaden, Ø 0,3 mm
- Perlendraht
- Dünne Nähnadel
- Basteldraht, silber
- Broschennadeln
- Kettenverschlüsse
- Ohrhänger
- Rocailles in verschiedenen Farben, Ø 2,5 mm
- Holzperlen in verschiedenen Farben, Ø 4 mm
- Stiftperlen in verschiedenen Farben, 5 mm lang

Hilfsmittel

- Schere
- Zange zum Biegen und Abzwicken des Drahtes
- Feuerzeug zum Verschweißen des Nylonfadens

Perlen auf Nylonfaden aufziehen

In dieser Technik werden plastische Teile, wie z. B. die Tierkörper, gearbeitet. Sie bestehen aus einer Ober- und einer Unterseite. Der Nylonfaden wird in der angegebenen Länge abgeschnitten. Die erste Perle, bei einigen Tieren sind es auch zwei oder drei Perlen, für die Oberseite auf das rechte Fadenende nehmen und in die Mitte des Nylonfadens ziehen. Mit dem linken Faden in die Gegenrichtung noch einmal durch die Perle fädeln. Nun ist die Perle fixiert und kann nicht mehr verrutschen (siehe Zeichnung 1). (Werden zu Beginn gleich zwei oder drei Perlen aufgefädelt, so bilden diese schon die erste Reihe der Unterseite.) Wird nur eine Perle am Anfang aufgenommen, so ist sie nur einfach aufzufädeln. Danach fädelst du die Unterseite, indem du die benötigten Perlen laut Vorlage auf den rechten Nylonfaden fädelst und den linken Faden in die Gegenrichtung durch die Perlen ziehst (siehe Zeichnung 2).

Nun arbeitest du die nächste Reihe, die Oberseite, die aus genauso vielen Perlen wie die Unterseite besteht und genauso gearbeitet wird. Den Nylonfaden dabei immer fest und gleichmäßig anziehen.

Die Oberseite wird über die Unterseite geschoben. Wichtig ist, dass du gleichmäßig an beiden Enden des Nylonfadens ziehst, denn so werden die Tiere schön gleichmäßig.

Tipp: Es ist hilfreich, wenn dir bei den ersten beiden Reihen jemand die Anfangsperlen festhält.

Anschließend werden die Enden des Nylonfadens gut verknotet und verschweißt, indem du sie kurz mit einem Feuerzeug erhitzt. Dabei lässt du dir am besten von einem Erwachsenen helfen. Am Beispiel des mintgrünen Käfers wird das Vorgehen anhand einer Skizze verdeutlicht (siehe Seite 6 und 8). Die anderen Tiere werden nach dem gleichen Prinzip gearbeitet.

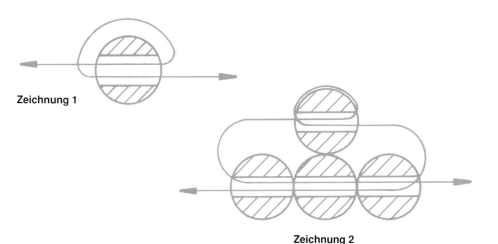

Zeichnung 1

Zeichnung 2

Perlen auf Draht aufziehen

Einige Tiere werden sowohl auf Nylonfaden als auch auf Basteldraht aufgefädelt. Beim Auffädeln auf Draht gehst du genauso vor, wie beim Aufziehen auf Nylonfaden. Allerdings werden diese Perlenreihen nur einreihig aufgezogen. Sie sind also nicht plastisch.

Schlüsselringe

Du ziehst ein Stück Nylonfaden durch die erste oder letzte Perle des Tieres, fädelst 25 Perlen auf den rechten Nylonfaden und ziehst den linken Faden gegengleich zurück. Ziehe an beiden Fäden, bis ein Ring entsteht. Verknote und verschweiße dann den Faden. Für den Schlüsselring mit Perlenstrang verfährst du ebenso, nur werden hier zuerst über beide Schnüre gemeinsam die Perlen gefädelt.

Fädelskizze „Mintgrüner Käfer"

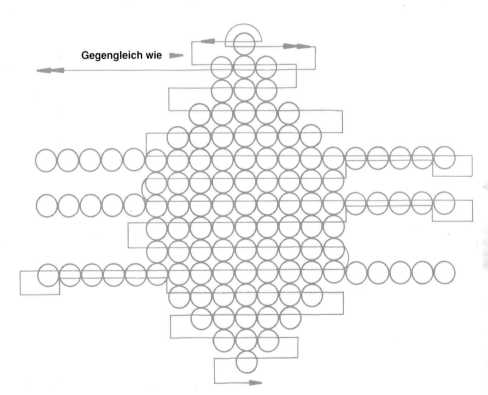

Gegengleich wie

6

Mintgrüner Käfer (Abbildung Seite 7)

Material:
- Rocailles ceylon: mintgrün
- Rocailles irisierend: schwarz
- Rocailles opak: gold
- Stiftperlen, schwarz
- Nylonfaden

Auf dem 1,50 m langen Nylonfaden fixierst du die erste Perle in der Mitte. Danach nimmst du weitere drei Perlen für die Unterseite (nur schwarze Perlen) auf, anschließend drei grüne Perlen für die Oberseite. Den Körper arbeitest du gemäß der Zählvorlage. Die beiden Reihen werden übereinander gelegt. Die letzte Perle ziehst du nur einmal auf. In der 3. Reihe werden die goldenen Perlen für die Augen aufgezogen. In der 5., 7. und 10. Reihe fädelst du die Beinchen an der Unterseite auf. Nimm dafür fünf zusätzliche Perlen auf den rechten Faden und ziehe ihn wieder durch die Perlen zurück, wobei du die letzte Perle überspringst. Beim linken Beinchen verfährst du ebenso. Jetzt folgt wieder die Oberseite. Bist du am Körperende angelangt, verknotest und verschweißt du den Nylonfaden. Für die Fühler ziehst du 20 cm Nylonfaden durch die erste Perle des Käferkopfes. Auf den rechten und linken Faden fädelst du je vier schwarze Stiftperlen und eine Rocaille auf. Beide Fäden führst du nur durch die Stiftperlen zurück. Ziehe dann die Fühler dicht an den Kopf und verknote und verschweiße den Nylonfaden.

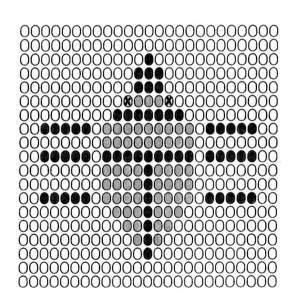

Bunter Käfer

(Abbildung Seite 7)

Material:
- Rocailles in verschiedenen Farben
- Rocailles opak: schwarz, gold
- Stiftperlen, glasklar
- Nylonfaden
- Basteldraht

Für den bunten Käfer kannst du sehr gut Perlenreste verwenden. Er wird genauso gefertigt wie der mintgrüne Käfer. Du benötigst 1,20 m Nylonfaden. Auf der Unterseite (nur schwarze Perlen) fädelst du in der 4., 6. und 8. Reihe die Beinchen auf, wobei du die letzte Perle überspringst, danach kannst du den Faden verknoten und verschweißen. Für die Fühler führst du einen 20 cm langen Faden durch die erste Perle am Kopf sowie anschließend pro Seite je zwei Stiftperlen und eine Perle über diesen Faden. Schiebe den Faden durch die Stiftperlen zurück, wobei du die letzte Perle überspringst. Ziehe die Fühler dicht an den Kopf, verknote und verschweiße dann den Faden. Die Flügel entstehen, indem du 25 cm Draht durch die drei äußeren Perlen der vierten Reihe schiebst und anschließend die schwarzen Rocailles einreihig aufziehst. Danach verdrehst du den Draht und zwickst ihn ab.

Tipp: Durch die Beinchen kannst du Basteldraht ziehen, dann lassen sie sich ein wenig biegen.

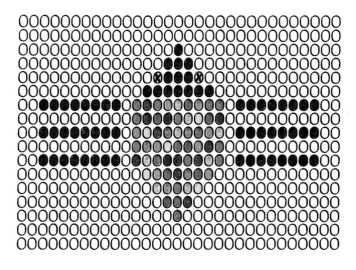

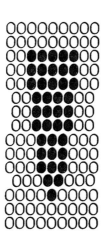

Feuerwanze

●●●●●●●●●●●●●●●●

Material:
● Rocailles metallic: rot
● Rocailles opak: Blutstein, gold
● Stiftperlen, schwarz
● Nylonfaden

Zum Herstellen der Feuerwanze gehst du genauso vor wie bei den Käfern auf Seite 8/9. Du benötigst 1,20 m Nylonfaden. Beginne mit drei schwarzen Perlen für die Unterseite (nur schwarze Perlen).

Dann folgen drei schwarze Perlen für die Oberseite. Die Beinchen fädelst du an der Unterseite in der 5., 8. und 11. Reihe auf. Für die Fühler ziehst du durch die mittlere Perle am Wanzenkopf 20 cm Nylonfaden und fädelst jeweils auf den rechten und linken Faden drei schwarze Stiftperlen sowie eine Rocaille. Führe den Faden durch die drei Stiftperlen zurück. Ziehe nun die Fühler dicht an den Kopf, verknote und verschweiße den Faden. Und schon ist die rote Feuerwanze fertig.

Beschreibung Blattkäfer siehe Seite 12.

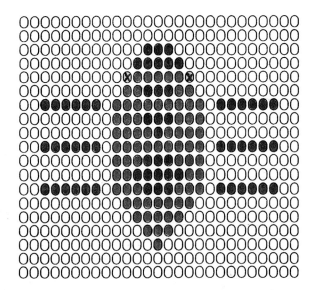

Blattkäfer

(Abbildung Seite 11)

Material:
- Rocailles opak: Blutstein, gold
- Rocailles metallic: grün
- Stiftperlen, grün
- Nylonfaden

Die erste grüne Perle fixierst du in der Mitte des 1,50 m langen Nylonfadens. Ziehe dann drei Perlen für die Unterseite auf den rechten Faden und führe den linken Faden gegengleich durch. Nun ziehst du drei grüne Perlen für die Oberseite auf. Beim Auffädeln des Käfers hältst du dich an die Zählvorlage. Die Unterseite ist komplett in Blutstein gearbeitet. Dabei werden die Beinchen an der Unterseite in der 4., 8. und 11. Reihe aufgefädelt. Auf den rechten Faden nimmst du die Perlen für das Beinchen und führst den Faden wieder zurück. Wichtig: Überspringe die letzte Perle! Beim linken Beinchen verfährst du ebenso. Sind beide Beinchen aufgefädelt, beginnst du wieder mit der Oberseite. Ist der Käfer fertig, verknote und verschweiße den Faden.

Tipp: Ziehst du durch die Beinchen ein Stück Draht, lassen sie sich biegen.

Zum Schluss bringst du die Fühler an, indem du ein Stück Faden (20 cm) durch die erste Perlenreihe ziehst. Auf den rechten Faden fädelst du drei grüne Stiftperlen und eine grüne Rocaille und führst den Faden durch die drei grünen Stiftperlen zurück. Mit dem linken Faden verfährst du ebenso.

Abschließend ziehst du die Fühler dicht zum Kopf des Käfers, dann verknotest und verschweißt du den Nylonfaden.

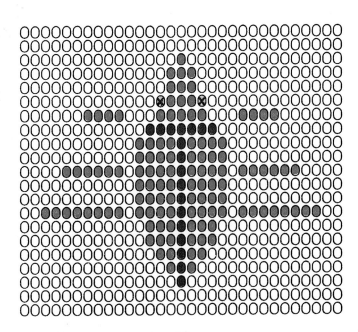

Fliege

Material:
- Rocailles opak: schwarz, gold
- Rocailles transparent: glasklar
- Nylonfaden
- Basteldraht

Die erste Perle fixierst du in der Mitte des 1 m langen Nylonfadens. Danach ziehst du drei schwarze Perlen auf. Die Oberseite folgt mit einer goldenen Perle, einer schwarzen Perle und wiederum einer goldenen Perle. Arbeite gemäß der Zählvorlage weiter. Die Beinchen fädelst du an der Unterseite der Fliege in der 2., 4. und 6. Reihe auf. Nimm dafür, nachdem du die Unterseite aufgefädelt hast, vier schwarze Perlen auf den rechten Faden und ziehe diesen wieder durch die Perlen zurück. Überspringe dabei die erste Perle. Mit dem linken Faden verfährst du ebenso. Jeder der beiden Flügel entsteht, indem du ein Stück Draht (20 cm) durch die zwei äußeren Perlen der 3. Reihe ziehst und nach der Zählvorlage die Perlen einreihig auffädelst. Anschließend den Draht verdrehen und abzwicken.

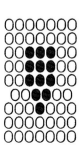

Schmetterlinge

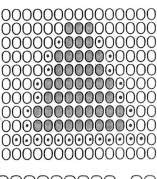

Material für den blauen Schmetterling:

- Rocailles opak: hellblau, gold
- Rocailles ceylon: weiß
- Stiftperlen, silber
- Nylonfaden
- Basteldraht

Der Körper des Schmetterlings wird auf 1 m Nylonfaden aufgezogen, er wird einfarbig gearbeitet. Fixiere die erste Perle in der Mitte. Nun folgt die erste Reihe der Unterseite mit drei hellblauen Perlen, die du auf den rechten Nylonfaden aufnimmst. Ziehe den linken Faden gegengleich durch. Die erste Reihe der Oberseite besteht aus einer goldenen Perle, einer hellblauen Perle und einer weiteren goldenen Perle. Die letzte Perle wird nur einmal aufgezogen! Danach verknotest und verschweißt du den Nylonfaden. Für die vier Flügel benötigst du 4 x 40 cm Draht. Zuerst ziehst du den Draht in der 6. und 7. Reihe und in der 11. und 12. Reihe durch eine Seite des Schmetterlingskörpers und fädelst die Perlen nach der Vorlage einreihig auf. In der letzten Reihe angelangt, nimmst du den rechten Draht und führst ihn wieder durch die Reihe zurück, wobei du eine Perle überspringst. Danach verdrehst du die Drähte und zwickst sie ab. Die Fühler entstehen, indem du 30 cm Nylonfaden durch die erste Perle ziehst, auf beiden Seiten je drei Stiftperlen und eine Rocaille aufnimmst und den Faden durch die drei Stiftperlen zurückfädelst. Ziehe die Fühler dicht an den Kopf des Schmetterlings und verknote und verschweiße den Nylonfaden. Der rosafarbene Schmetterling wird genauso wie der blaue Schmetterling gearbeitet. Die Farben der Rocailles sind weiß, erika, flieder, schwarz, gold und violett.

Tipp: Du kannst die Perlen mischen und es dem Zufall überlassen, welche Perle du auffädelst.

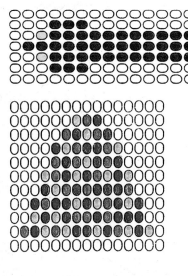

Hornisse

Material:
● Holzperlen, Ø 4 mm: gelb, schwarz
● Perlendraht ● Basteldraht

Fixiere die erste Perle in der Mitte des 1,50 cm langen Perlendrahtes. Danach nimmst du zwei gelbe Perlen auf den rechten Perlendraht und ziehst den linken Draht gegengleich durch. Nun folgt die Oberseite mit zwei gelben Perlen. Ober- und Unterseite werden in den gleichen Farben gearbeitet. In der 8., 10. und 12. Reihe fädelst du die Beinchen an der Unterseite auf. Nimm vier schwarze Perlen auf die rechte Seite des Drahtes und führe diesen wieder zurück, überspringe dabei eine Perle. Mit der linken Seite verfährst du ebenso. Die letzte Perle wird nur einfach aufgezogen. Zum Schluss verknotest du den Perlendraht. Für die Flügel der Hornisse benötigst du 2 x 50 cm Basteldraht. Für jeden Flügel ziehst du einen Draht durch die äußeren zwei Perlen der siebten Reihe. Nun fädelst du die Flügel nach der Zählvorlage einreihig auf. Verdrehe den Draht und zwicke ihn ab.

Beschreibung der Biene siehe Seite 18.

Tipp: Sollte der Perlendraht nicht ausreichen, so ziehe einfach durch die zuletzt gearbeitete Reihe neuen Perlendraht. Den fast aufgebrauchten Draht brauchst du nur zu verknoten.

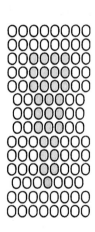

FASHION FUN

JANCED® FLECHTBÄNDER

5 MODELLE

JANCED®

Art. 42361 $\mathsf{C}\,\mathsf{E}$ LENA-Spielwaren GmbH
D 91154 Roth
Made in Germany

Nicht für Kinder unter 3 Jahren geeignet wegen Verletzungsgefahr durch die Schnur. Adresse bitte aufbewahren. • Not suitable for children under 3 years old due to the danger of injury because of the cord. Please keep this address. • Ne convient pas aux enfants de moins de 3 ans (risque de blessure avec le fil). Conservez cette adresse. • Niet geschikt voor kinderen beneden de 3 jaar wegens gevaar van verwonding door snoer. Adres bewaren. • Non adatto ai bambini di età inferiore a 3 anni per pericolo di lesioni per il cavo. Si raccomanda di conservare l'indirizzo. • På grund av risk för skada genom användningen av en sax (som inte är med i setet) olämpligt för barn under 3 år. Var snäll och spara adressen.

Wichtiger Hinweis! Die Bänder dürfen nicht abgebissen oder in den Mund genommen werden! **Caution!** The tapes may not be bitten off or taken into the mouth! • **Important!** Les rubans ne doivent être ni mordus ni portés à la bouche! • **Importante!** Non staccare con un morso i nastri o prenderli in bocca! • **Waarschuwing!** Niet op de draden bijten of in de mond nemen! **Viktig information!** Banden får varken bitas av eller stoppas i munnen!

HERZ-ANHÄNGER

2 Bänder rosa
2 Bänder grau
15cm Draht

Alle Bänder in der Mitte mit einem einfachen Knoten (Abb.11)* zusammen binden. An einer Seite mit einem "runde Knoten mit 4 Bändern" (Abb. 5-9)* beginnen. Nach dem ersten Knoten den Draht bis zur Mitte durch den Knoten schieben. Schneide ein 10 cm langes Stück rosa Band ab und füge es nach einem 2. Knoten für die spätere Schlaufe ein. Jetzt auf jeder Seite 32 runde Knoten um den Draht knüpfen. Biege das Herz nun in Form und trenne die Drahtenden ab. Die 8 Bänder auf der Unterseite miteinander verknoten und die Reste abschneiden. Zum Schluss das kurze Band zu einer Schlaufe verknoten. So einfach geht das.

HEART DECORATION

2 pink threads
2 grey threads
15cm wire

Tie all threads in the middle with a simple knot (fig. 11)*. Begin at one side with a "4-thread round knot" (fig. 5-9)*. After the first knot, push the wire through the knot to the middle. Cut off a 10cm piece of pink thread and make it into a second knot for the loop to come later. Now, on each side, tie 32 round knots around the wire. Then, bend the heart into shape and cut off the ends of the wire. Tie the 8 threads together on the underside and cut off the surplus. Finally, tie the short thread into a loop. Simple!

PENDENTIF EN FORME DE CŒUR

2 rubans roses
2 rubans gris
15 cm de fil de fer

Relie tous les rubans avec un nœud simple (Fig. 11) * Commence d'un côté avec un « nœud rond à 4 rubans » (Fig. 5-9). Une fois le premier nœud terminé, enfonce le fil de fer dans le nœud jusqu'au milieu. Coupe un bout de ruban rose de 10 cm de longueur et insère-le après avoir fait un second nœud pour une future boucle. Confectionner maintenant de chaque côté 32 nœuds ronds tout autour du fil de fer. Plie-le en forme de cœur et coupe les extrémités du fil de fer. Noue les 8 rubans ensemble sur le revers et coupe le reste. Fais pour finir une boucle avec le ruban court. C'est aussi simple que cela.

HARTJES-HANGERTJE

2 roze touwtjes
2 grijze touwtjes
15cm metaaldraad

Bind alle touwtjes in het midden samen met een enkelvoudige knoop (afb.11)*. Begin aan één kant met een "ronde knoop met 4 touwtjes" (afb. 5-9)*. Schuif het metaaldraad na de eerste knoop tot het midden door de knoop. Knip een stuk roze touw af van 10 cm en voeg het na een 2e knoop in voor de latere lus. Knoop nu aan iedere kant 32 ronde knopen om het metaaldraad. Buig het hart in vorm en knip de uiteindjes van het metaaldraad af. Knoop de 8 touwtjes aan de onderkant aan elkaar en knip de restjes af. Knoop tenslotte het korte stuk touw vast in een lus. Zo makkelijk is dat.

PENDENTE A CUORE

2 nastri rosa
2 nastri grigi
15 cm di filo metallico

Lega insieme nel centro tutti i nastri con un semplice nodo (Fig.11)*. Inizia su di un lato con un "nodo rotondo con 4 nastri" (Fig. 5-9)*. Dopo il primo nodo spingi il filo metallico attraverso il nodo fino al centro. Taglia un pezzo di nastro rosa lungo 10 cm ed inseriscilo dopo un 2. nodo per il successivo nodo scorsoio. Ora su ogni lato annoda 32 nodi rotondi intorno al filo. Adesso dai forma al cuore e separa le estremità del filo. Annoda assieme uno con l'altro gli 8 nastri sulla parte inferiore e taglia il resto. Per finire, annoda il nastro corto in un nodo scorsoio. È semplicissimo!

HJÄRTBERLOCK

2 rosa band
2 grå band
15 cm metalltråd

Bind samman alla band i mitten med en enkel knut (bild 11)*. Börja på den ena sidan med en "rund knut med 4 band" (bild 5-9)*. Skjut efter den första knuten halva metalltrådens längd genom knuten. Skär av en 10 cm lång bit av det rosa bandet och infoga den efter den 2:a knuten för den kommande öglan. Gör nu 32 runda knutar runt metalltråden på varje sida. Böj hjärtat till önskad form och klipp av metalltrådsändarna. Knyt ihop de 8 banden med varandra på undersidan och klipp av resterna. Knyt till sist det korta bandet till en ögla. Så enkelt är det.

* siehe Heft GRUNDKNOTEN
* see booklet BASIC KNOTS
* voir album NŒUDS DE BASE
* zie boekje BASISKNOPEN
* vedi fascicolo NODO BASE

PERLEN-ANHÄNGER

1 Band blau
2 Bänder rot
1 große rote Holzperle
2 kleine rote Holzperle
3 blaue Kegelperlen
4cm Draht

Nimm alle 3 Bänder, falte sie in der Mitte und beginne mit einem „Anfang mit Schlaufe" (Abb. 12)*. Knüpfe nun 5 "runde Knoten mit 6 Bändern". Dann den Draht senkrecht durch die Mitte der geknüpften Knoten schieben. 5 weitere runde Knoten um den Draht knüpfen. Den Draht durch die große rote Holzperle stecken und die Bänder gleichmäßig außen um die Perle legen. Danach 10 weitere runde Knoten knüpfen. Mit einem der roten Bänder jetzt 3 Wickelknoten (Abb. 27)* um die restlichen 5 Bänder machen und hinter dem Knoten abschneiden. Auf die restlichen 5 Bänder je eine der kleinen roten Holzperlen oder blauen Kegelperlen aufziehen und die Enden verknoten. Fertig ist ein schöner Perlen-Anhänger.

BEAD DECORATION

1 blue thread
2 red threads
1 large red wooden bead
2 small red wooden beads
3 blue bullet-shaped beads
4cm wire

Take all three threads, fold them in the middle and begin with a "starting loop" (fig. 12)*. Now tie 5 "6-thread round knots". Then push the wire vertically through the middle of the tied knots. Tie 5 further knots around the wire. Put the wire through the large wooden bead and lay the threads evenly around the outside of the bead. Then tie 10 further round knots. Using one of the red threads now tie 3 wraparound knots (fig. 27)* around the other 5 threads and cut off behind the knot. Attach a small red bead or a blue bullet-shaped bead on to each of the other 5 threads and knot the ends. Your pretty bead decoration is finished!

PENDENTIF A PERLES

1 ruban bleu
2 rubans rouges
1 grosse perle de bois rouge
2 petites perles de bois rouges
3 perles coniques bleues
4 cm de fil de fer

Prends tous les 3 rubans, plie-les au milieu et continue par le « point de départ avec boucle » (Fig. 12)*. Confectionne maintenant « 5 nœuds ronds à 6 rubans ». Enfonce ensuite le fil de fer à la verticale au milieu des nœuds. Fais 5 autres nœuds autour du fil de fer. Enfile-le dans la grosse perle de bois rouge et enroule les rubans régulièrement autour de la perle. Confectionne 10 autres nœuds ronds. Fais maintenant 3 nœuds enroulés autour des 5 rubans restants avec l'un des rubans rouges (Fig. 27)* et coupe-les derrière le nœud. Enfiler respectivement sur les 5 rubans restants une petite perles de bois rouge ou une perle conique bleue et faire un nœud aux extrémités. Voilà, ton pendentif est terminé.

KRALENHANGERTJE

1 blauw touwtje
2 rode touwtjes
1 grote rode houten kraal
2 kleine rode houten kraal
3 blauwe kegelkralen
4cm metaaldraad

Neem alle 3 de touwtjes, vouw ze in het midden en begin met een "begin met lus" (afb. 12)*. Knoop nu 5 "ronde knopen met 6 touwtjes". Schuif het metaaldraad verticaal door het midden van de gelegde knoop. Knoop nog 5 ronde knopen om het metaaldraad. Steek het metaaldraad door de grote rode houten kraal en leg de touwtjes gelijkmatig buiten om de kraal. Knoop daarna nog 10 ronde knopen. Leg met een van de rode touwtjes nu 3 draaiknopen (afb. 27)* om de overige 5 touwtjes en knip achter de knoop af. Rijg om elk van de overige 5 touwtjes een kleine rode houten kraal of blauwe kegelkralen en leg een knoop in de uiteindjes. Een mooie kralenhanger is klaar.

PENDENTE CON PERLE

1 nastro blu
2 nastri rossi
1 grande perla di legno rossa
2 piccole perle di legno rosse
3 perle blu a forma di cono
4cm di filo metallico

Prendi tutti e 3 i nastri, piegali al centro ed inizia con un „inizio con nodo scorsoio" (Fig. 12)*. Annoda ora 5 "nodi rotondi con 6 nastri". Quindi spingi il filo metallico perpendicolarmente attraverso il centro dei nodi annodati. Esegui intorno al filo altri 5 nodi rotondi. Fai passare il filo attraverso la perla di legno rossa grande e metti i nastri in modo uniforme esternamente attorno alla perla. Poi annoda altri 10 nodi rotondi. Con uno dei nastri rossi fai ora 3 nodi avvolgimento (Fig. 27)* attorno ai 5 nastri restanti e taglia dietro al nodo. Su ognuno dei 5 nastri restanti infila una delle piccole perle di legno rosse o delle perle a forma di cono blu e annoda le estremità. È pronto un bel pendente con perle.

PÄRLBERLOCK

1 blått band
2 röda band
1 stor röd träpärla
2 små röda träpärlor
3 blå koniska pärlor
4 cm metalltråd

Ta alla 3 banden, vik dem i mitten och börja med en "start med ögla" (bild 12)*. Knyt nu 5 "runda knutar med 6 band". Skjut metalltråden lodrätt genom knutens mitt. Gör 5 runda knutar till runt metalltråden. Stick metalltråden genom den stora röda träpärlan och lägg banden jämnt runt pärlan. Gör sedan 10 runda knutar till. Gör nu 3 lindningsknutar (bild 27)* med ett av de röda banden runt de andra 5 banden och klipp av det efter den avslutande knuten. Trä på vardera en av de små röda träpärlorna och de blå koniska pärlorna på de andra 5 banden och gör en knut i vardera änden. En vacker pärlberlock är klar.

SPIRAL-ANHÄNGER

1 Band rot
1 Band gelb
1 Band schwarz

Das gelbe und rote Band in der Mitte falten. Knüpfe nun mit dem schwarzen Band 6 „Wickelknoten" (Abb. 27)* um die gelben und roten Bänder, so dass oben zwei Schlaufen entstehen.

Dann 20 "Spiralknoten mit 6 Bändern" (Abb. 20)* knüpfen. Danach mit den beiden schwarzen Bändern nochmal 6 Wickelknoten um das gelbe und rote Band knüpfen. Die schwarzen Enden abschneiden und die überstehenden gelben und roten Bänder der Länge nach aufspalten.

SPIRAL DECORATION

1 red thread
1 yellow thread
1 black thread

Fold the red and yellow threads in the middle. Now, using the black thread, tie 6 "wraparound knots" (fig. 27)* around the yellow and red threads to produce two loops at the top. Then tie 20 "6-thread round knots" (fig. 20)*. Then, using the two black threads tie another 6 wraparound knots around the yellow and red threads. Cut off the black ends and split the loose yellow and red threads lengthways.

PENDENTIF EN SPIRALE

1 ruban rouge
1 ruban jaune
1 ruban noir

Plie le ruban jaune et rouge au milieu. Confectionne 6 « nœuds enroulés » avec le ruban noir (Fig. 27)* autour des rubans jaunes et rouges, de sorte à former deux boucles. Faire ensuite 20 « nœuds en spirale à 6 rubans » (Fig. 20)*. Faire encore une fois 6 nœuds enroulés avec les deux rubans noirs autour du ruban jaune et noir. Écourte les extrémités des rubans noirs et coupe dans le sens longitudinal les rubans jaunes et rouges qui dépassent.

SPIRAALHANGER

1 rood touwtje
1 geel touwtje
1 zwart touwtje

Vouw het gele en rode touw in het midden. Knoop nu met het zwarte touwtje 6 „draaiknopen" (afb. 27)* om de gele en rode touwtjes, zodat boven twee lussen ontstaan. Knoop dan 20 "spiraalknopen met 6 touwtjes" (afb. 20)*. Knoop daarna met de twee zwarte touwtjes nog eens 6 draaiknopen om het gele en rode touwtje. Knip de zwarte uiteinden af en knip de overige gele en rode touwtjes op lengte.

PENDENTE A SPIRALE

1 nastro rosso
1 nastro giallo
1 nastro nero

Piega nel centro il nastro giallo ed il nastro rosso. Con il nastro nero fai ora 6 „nodi avvolgimento" (Fig. 27)* attorno ai nastri gialli ed ai nastri rossi in modo che sopra si formino due nodi scorsoi. Poi annoda 20 "nodi a spirale con 6 nastri" (Fig. 20)* . Quindi con entrambi i nastri neri annoda ancora 6 nodi avvolgimento attorno al nastro giallo e al nastro rosso. Taglia le estremità nere e dividi in base alla lunghezza i nastri gialli e rossi che sporgono.

SPIRALBERLOCK

1 rött band
1 gult band
1 svart band

Vik det gula och det röda bandet på mitten. Gör nu 6 "lindningsknutar" (bild 27)* med det svarta bandet runt de gula och röda banden, så att det bildas två öglor upptill. Gör sedan 20 "spiralknutar med 6 band" (bild 20)*. Gör därefter 6 lindningsknutar till med de båda svarta banden runt de gula och det röda bandet. Klipp av de svarta ändarna och dela de utskjutande gula och röda banden på längden.

* siehe Heft **GRUNDKNOTEN**
* see booklet **BASIC KNOTS**
* voir album **NŒUDS DE BASE**
* zie boekje **BASISKNOPEN**
* vedi fascicolo **NODO BASE**

STERN-ANHÄNGER

2 Bänder gelb
2 Bänder grün
1 Band rot
1 Band Blau
2 grüne Sternperlen
1 gelbe Schmetterlingsperle
1 Schlüsselring
18cm Draht

Schneide von jeder Farbe ein ca. 4cm langes Stück Band ab und schiebe sie nacheinander über den Draht. Biege diesen Teil des Drahtes nun zuerst mit 3-4 Windungen zu einer Spirale und dann aussenherum zu einem Stern. Den restlichen Draht 2 mal um den Anfang wickeln und abknipsen. Führe jetzt ein grünes Band bis zur Mitte durch den Sternanhänger, falte es um und ein gelbes Band in der Mitte um das grüne Band (siehe „Anfang mit Schlaufe")*. Beginne nun mit den 4 Bändern eckige Knoten (Abb. 2a-4)* zu knüpfen, nach 5 Knoten werden alle Bänder durch eine Sternperle geführt. Achte darauf das bei den ersten 5 Knoten das gelbe Band vorne ist. Knüpfe jetzt mit dem grünen Band vorne weiter und nach 3 Knoten steckst Du alle Bänder durch die Schmetterlingsperle. Nun wieder das gelbe Band nach vorne bringen. Nach 3 weiteren Knoten die Bänder durch eine Sternperle führen und nochmals 5 Knoten mit dem grünen Band vorne knüpfen. Zum Abschluss die Bänder mit dem Schlüsselring fest verknoten, die überstehenden Bänder abschneiden und fertig ist der Sternanhänger mit Schlüsselring.

STAR DECORATION

2 yellow threads
2 green threads
1 red thread
1 blue thread
2 green star-shaped beads
1 yellow butterfly-shaped bead
1 key-ring
18cm wire

Cut a piece of approximately 4 cm from each colour thread and push them over the wire one after the other. Now bend this piece of the wire at first with 3 – 4 winds into a spiral and then around the outside into a star-shape. Wind the remaining wire twice around the beginning and cut off the spare. Now feed a green thread through the star decoration to the middle, fold, and bring a yellow thread around the green thread (see "starting loop")*. Now start to tie the 4-thread square knots (fig. 2a-4)*, after 5 knots feeding all threads through a star-shaped bead. Make sure that in the first 5 knots the yellow thread is at the front. Now tie with the green thread at the front, and after 3 knots feed all threads through the butterfly-shaped bead. Now return the yellow thread to the front. After a further 3 knots feed through a star-shaped bead and tie a further 5 knots with the green thread at the front. Finally tie the threads to the key-ring and cut off the excess thread.

PENDENTIF À ÉTOILE

2 rubans jaunes
2 rubans verts
1 ruban rouge
1 ruban bleu
2 perles étoilées vertes
1 perle papillon jaune
1 porte-clefs
18 cm de fil de fer

Coupe un bout de ruban de chaque coloris d'environ 4 cm de longueur et fais-les passer les uns après les autres sur le fil de fer. Plie d'abord cette partie du fil en faisant une spirale de 3 à 4 spires et passe-le ensuite tout autour à l'extérieur pour en faire une étoile. Enroule 2 fois le reste du fil de fer autour du point de départ et coupe-le. Fais maintenant passer un ruban vert à travers l'étoile jusqu'au milieu du pendentif, plie-le et enroule un ruban jaune autour du ruban vert au milieu (Cf. « point de départ avec boucle »)* Fais ensuite des nœuds carrés avec les 4 rubans (Fig. 2a-4)* ; après 5 nœuds, tous les rubans sont enfilés dans une perle étoilée. Continue maintenant à faire des nœuds avec le ruban vert vers l'avant et, au bout de 3 nœuds, enfile tous les rubans dans la perle papillon. Ramène à nouveau le ruban jaune par devant. Après 3 autres nœuds, fais passer les rubans dans une perle papillon, et après 5 nœuds encore, tu les noues avec le ruban à l'avant. Pour finir, tu noues les rubans bien serrés sur le porte-clefs et coupes les rubans qui dépassent.

STERHANGERTJE

2 gele touwtjes
2 groene touwtjes
1 rood touwtje
1 blauw touwtje
2 groene sterkralen
1 gele vlinderkraal
1 sleutelring
18cm metaaldraad

Knip van iedere kleur een stuk touw af van ca. 4cm en schuif dat na elkaar over het draad. Buig dit deel van het draad nu eerst met 3-4 omwentelingen tot een spiraal en dan buitenom tot een ster. Wikkel de rest van het draad 2 keer om het begin en knip het af. Voer nu een groen touwtje tot het midden door de sterhanger, vouw het en leg een geel touwtje in het midden om het groene touwtje (zie "begin met lus")*. Begin nu met de 4 touwtjes hoekige knopen (afb. 2a-4)* te knopen, na 5 knopen worden alle touwtjes door een sterkraal gehaald. Let erop dat bij de eerste 5 knopen het gele touwtje vooraan ligt. Knoop nu met het groene touwtje aan de voorkant verder en steek na 3 knopen alle touwtjes door de vlinderkraal. Breng nu weer het gele touwtje naar voren. Voer na nog 3 knopen de touwtjes door een sterkraal en leg nog eens 5 knopen met het groene touwtje voor. Knoop tenslotte de touwtjes stevig aan de sleutelring vast, knip de uiteindjes af.

PENDENTE A STELLA

2 nastri gialli
2 nastri verdi
1 nastro rosso
1 nastro blu
2 perle grigie a forma di stella
1 perla gialla a forma di farfalla
1 anello per chiave
18 cm di filo metallico

Taglia un pezzo di nastro lungo ca. 4 cm di ogni colore e spingi questi nastri uno dopo l'altro attraverso il filo metallico. Ora piega questa parte del filo dapprima con 3-4 torsioni a spirale e poi verso l'esterno a formare una stella. Avvolgi 2 volte attorno al principio il filo restante e stacca. Porta ora un nastro verde fino al centro attraverso il pendente a stella, piegalo e porta un nastro giallo al centro attorno al nastro verde (vedi „Inizio con nodo scorsoio")*. Con i 4 nastri comincia ora a fare dei nodi quadrati (Fig. 2a-4)*, dopo 5 nodi tutti i nastri vengono fatti passare attraverso una perla a forma di stella. Fai attenzione che durante i primi 5 nodi il nastro giallo sia davanti. Con il nastro verde continua ora a fare nodi sul davanti e dopo 3 nodi infila tutti i nastri nella perla a farfalla. Ora riporta nuovamente davanti il nastro giallo. Dopo altri 3 nodi fai passare i nastri attraverso una perla a forma di stella e con il nastro verde fai ancora 5 nodi sul davanti. Per concludere, annoda saldamente i nastri con l'anello della chiave e taglia i nastri che sporgono.

STJÄRNBERLOCK

2 gula band
2 gröna band
1 rött band
1 blått band
2 gröna stjärnpärlor
1 gul fjärilspärla
1 nyckelring
18 cm metalltråd

Skär av en cirka 4 cm lång bit av alla färgerna och trä dem över metalltråden efter varandra. Böj nu först den här delen av metalltråden till en spiral med 3-4 varv och böj sedan till en stjärna utanför den. Linda den resterande metalltråden 2 gånger runt starten och klipp sedan av den. Trä nu in halva längden av ett grönt band genom stjärnberlocken. Vik det och ett gult band i mitten runt det gröna bandet (se "start med ögla")*. Börja sedan att göra kantiga knutar (bild 2a-4)* med de fyra banden. Trä alla band genom en stjärnpärla efter 5 knutar. Se till att det gula bandet är framtill vid de första 5 knutarna. Fortsätt att göra knutar framtill med det gröna bandet. Trä alla band genom fjärilspärlan efter 3 knutar. Se till att det gula bandet är framåt igen. Trä banden genom stjärnpärlan efter ytterligare 3 knutar och knyt 5 knutar till med det gröna bandet framtill. Knyt till sist ihop banden ordentligt med nyckelringen och klipp av de utskjutande bandändarna.

ORCA-ANHÄNGER

1 Band blau
1 Band weiß
1 Band schwarz
1 blaue Perle
45cm Draht

Führe zuerst den Draht durch die Perle und befestige ihn durch umwickeln. Schiebe dann erst ein 25cm schwarzes und danach ein 8cm weißes Band über den Draht. Biege den Draht nun in die Form eines Orca-Wala. Jetzt ein blaues Band mittig um die Schnauze des Orca legen und mit einem weißen Band, wie beim „Anfang mit Schlaufe" (Abb. 12)* verknoten. Knüpfe 20 "runde Knoten mit 4 Bändern" (Abb. 5-9)*. Am Schluß ca. 2 cm Bänder stehen lassen und mit einem einfachen Knoten verbinden. So entstehen noch die Schlaufen an Deinem coolen Orca-Anhänger.

* siehe Heft **GRUNDKNOTEN**
* see booklet **BASIC KNOTS**
* voir album **NŒUDS DE BASE**
* zie boekje **BASISKNOPEN**
* vedi fascicolo **NODO BASE**

ORCA DECORATION

1 blue thread
1 white thread
1 black thread
1 blue bead
45cm wire

First thread the wire through the bead and fasten it by winding round. Then push a 25cm piece of black thread and afterwards an 8cm piece of white thread over the wire. Then bend the wire into the shape of an orca whale. Now lay a blue thread on the middle of the Orca's snout and, using a white thread, tie a knot as for "starting loop" (fig. 12)*. Tie 20 "4-thread round knots" (fig. 5–9)*. Leave approximately 2cm of thread at the end and tie with a simple knot. And that's how you produce the loops on your cool orca decoration.

ORCA-HANGERTJE

1 blauw touwtje
1 wit touwtje
1 zwart touwtje
1 blauwe kraal
45cm metaaldraad

Voer eerst het metaaldraad door de kraal en wikkel hem eromheen om hem vast te maken. Schuif dan eerst een stukje zwart touw van 25cm en daarna een stukje wit touw van 8cm over het draad. Buig het draad nu in de vorm van een orca. Leg nu een blauw touwtje in het midden om de snuit van de orca en knoop dit vast aan een wit touwtje, zoals bij „begin met lus" (Afb. 12)*. Knoop 20 "ronde knopen met 4 touwtjes" (afb. 5-9)*. Laat tenslotte ca. 2 cm touw staan en leg die in een enkelvoudige knoop. Zo ontstaan de lussen van jouw coole orcahanger.

ORCA-BERLOCK

1 blått band
1 vitt band
1 svart band
1 blå pärla
45 cm metalltråd

Stick först in metalltråden genom pärlan och fäst den genom att linda runt den. Trä sedan först ett 25 cm långt svart och sedan ett 8 cm långt vitt band efter varandra över metalltråden. Böj nu metalltråden till formen av en spägghuggare (Orca). Lägg ett blått band i mitten runt späckhuggarens nos och gör en knut med ett vitt band, precis som vid "start med ögla" (bild 12)*. Gör 20 "runda knutar med 4 band" (bild 5-9)*. Låt till slut cirka 2 cm av banden vara kvar och knyt ihop dem med en enkel knut. På så vis bildas öglorna på din tuffa Orca-berlock.

PENDENTIF BALEINE

1 ruban bleu
1 ruban blanc
1 ruban noir
1 perle bleue
45 cm de fil de fer

Enfile d'abord le fil de fer dans la perle et fixe-le en l'enroulant. Fais ensuite passer sur le fil de fer un ruban noir de 25 cm et puis un ruban blanc de 8 cm. Plie maintenant le fil de fer en lui donnant la forme d'une baleine. Place ensuite un ruban bleu autour du nez de la baleine au milieu, et noue-le avec un ruban blanc comme dans le cas du « point de départ avec boucle » (Fig. 12)*. Confectionne enfin « 20 nœuds ronds à 4 rubans » (Fig. 5-9)*. Laisse dépasser pour finir un bout de 2 cm de ruban et relie-le avec un nœud simple. Fais encore les boucles pour avoir un super pendentif.

PENDENTE A FORMA DI ORCA

1 nastro blu
1 nastro bianco
1 nastro nero
1 perla blu
45 cm di filo metallico

Per prima cosa fai passare il filo metallico nella perla e fissalo avvolgendolo. Spingi quindi sul filo metallico un nastro nero di 25cm e poi un nastro bianco di 8 cm. Ora piega il filo metallico dandogli la forma di un cetaceo orca. Adesso metti un nastro blu centralmente attorno al muso dell'orca ed annoda con un nastro bianco come in „inizio con nodo scorsoio" (Fig. 12)*. Fai 20 "nodi rotondi con 4 nastri" (Fig. 5-9)*. In ultimo lascia ca. 2 cm di nastri e unisci con un nodo semplice. In questo modo si formano gli anelli sul tuo bellissimo pendente a forma di orca.

Biene (Abbildung Seite 17)

Material:
Rocailles opak: schwarz, sonnengelb • Rocailles transparent: glasklar • Stiftperlen, schwarz • Nylonfaden • Basteldraht

Fixiere die erste Perle der Biene in der Mitte des 1,20 m langen Fadens. Beginne die Unterseite mit drei gelben Perlen, die du auf das rechte Fadenende aufnimmst. Den linken Faden ziehst du gegengleich durch. Jetzt folgt die Oberseite mit einer schwarzen, einer gelben und einer schwarzen Perle. Die nächste Reihe arbeitest du nach der Zählvorlage. Achte dabei darauf, dass die Anzahl der Perlen und ihre Farbe identisch sind. Fädle in der 7., 9. und 11. Reihe an der Unterseite die Beinchen auf. Ziehe die Perlen laut Vorlage auf und führe den Faden durch die Perlen zurück. Hierbei überspringst du die letzte Perle. Sind auf beiden Seiten die Beinchen aufgefädelt, arbeitest du nach der Vorlage weiter. Die

letzte Perle wird nur einmal aufgezogen. Für die Flügel benötigst du 2 x 30 cm Draht. Er wird durch die äußeren zwei Perlen der siebten Reihe gezogen. Danach fädelst du die glasklaren Rocailles einreihig auf. Verdrehe den Draht und zwicke ihn ab.

Kreuzspinne

Material:
Rocailles opak: schwarz, weiß, silber • Nylonfaden

Auf dem 1,20 m langen Faden fixierst du die erste Perle in der Mitte , indem du sie auf den rechten Faden ziehst und den linken Nylonfaden gegengleich durchfädelst. Danach folgt die Unterseite mit drei schwarzen Perlen. Die nächste Reihe ist die Oberseite der Kreuzspinne, in der du die Augen auffädelst. Die Oberseite schiebst du über die Unterseite. Arbeite nun nach der Zählvorlage weiter.

Die Unterseite besteht nur aus schwarzen Perlen. Die Beinchen werden in der 3., 5., 7. und 9. Reihe an der Unterseite aufgefädelt. Nachdem du die Unterseite gefädelt hast, nimmst du den rechten Faden, ziehst acht Perlen auf und führst den Nylonfaden wieder zurück. Überspringe dabei eine Perle. Das linke Beinchen fädelst du ebenso.

Nun arbeitest du nach der Zählvorlage weiter. Bist du am Ende der Spinne angelangt, wobei die letzte Perle nur einmal aufgezogen wird, verknotest und verschweißt du den Nylonfaden.

Tipp: Durch die Beinchen kannst du Basteldraht ziehen, dann lassen sie sich ein wenig bewegen.

Libellen

Material:
- Rocailles opak: Blutstein, rot, gold
- Rocailles transparent: blau, rot, glasklar
- Nylonfaden
- Basteldraht

Zuerst fixierst du die erste Perle in der Mitte des 1,50 m langen Nylonfadens. Fädle danach drei blutsteinfarbene Perlen für die erste Reihe der Unterseite der Libelle auf den rechten Faden und ziehe den linken Faden gegengleich durch. Jetzt kannst du die Libelle nach der Zählvorlage auffädeln. Ober- und Unterseite sind bis auf die Augen und die Musterzeichnung identisch. Die letzte Perle ziehst du nur einmal auf, verknote und verschweiße danach den Faden. Für die vier Flügel benötigst du 4 x 50 cm Basteldraht. Zwei Drähte ziehst du an der rechten Seite und zwei an der linken Seite in der 6. und 7. und in der 9. und 10. Reihe des Libellenkörpers durch. Fädle nun die glasklaren Perlen einreihig auf. Anschließend verdrehst du den Draht und zwickst ihn ab. Die transparenten Flügel werden auf der Skizze schwarz dargestellt.

Kleine Schlange   Große Schlange

@@@@@@@@@@@@@@@@   @@@@@@@@@@@@@@@

Material:
- Rocailles opak: rot, dunkelgrün, sonnengelb, silber
- Rocailles transparent: glasklar
- Nylonfaden, Ø 0,3 mm

Material:
- Holzperlen, Ø 4 mm: grün, rot, orange, schwarz und gold
- Perlendraht

Die erste Perle fixierst du in der Mitte des 1,20 m langen Nylonfadens, indem du eine rote Perle auf den rechten Faden nimmst und den linken Faden gegengleich durchziehst. Fasse nun beide Schnüre zusammen und ziehe fünf rote Perlen darüber. Über den rechten Faden ziehst du eine grüne Perle und fixierst sie durch gegengleiches Durchziehen des linken Fadens. Die nächste Reihe bildet die Unterseite der Schlange, die nur aus glasklaren Perlen gearbeitet wird. Nimm drei glasklare Perlen auf den rechten Faden und ziehe den linken Faden gegengleich durch. Nun folgt die Oberseite der Schlange mit drei grünen Perlen. So arbeitest du weiter bis zum Ende der Zählvorlage. Die letzte Perle bildet den Abschluss, ziehe sie nur einmal auf. Danach die Nylonschnur mehrmals verknoten und verschweißen.

Die Holzperlenschlange fädelst du am besten auf 1,50 m Perlendraht auf. Wegen der Länge der Schlange benötigst du wahrscheinlich mehrere Stücke Perlendraht, da sich zu lange Stücke verknoten. Ist das erste Stück verarbeitet, schiebst du den neuen Draht durch die zuletzt gearbeitete Reihe und verknotest ihn. So kannst du mit dem neuen Perlendraht weiterfädeln. Die Unterseite der Schlange besteht aus schwarzen Holzperlen.

Tipp: Fädle Tiere aus Holzperlen auf Perlendraht auf. Perlendraht wird nicht verschweißt, sondern nur verknotet!

Tipp: Sollte die Nylonschnur zu kurz geraten sein, so fädle einfach durch die letzte Reihe ein weiteres Stück Nylonfaden. Den Rest der ersten Schnur verknotest und verschweißt du. Mit dem neu durchgezogenen Nylonfaden arbeitest du wie gewohnt weiter.

Kleine Schlange   Große Schlange

Hier das Muster
beliebig oft fortsetzen!

Hier das Muster
beliebig oft fortsetzen!

Storch

🔵🔵🔵🔵🔵🔵🔵🔵🔵🔵🔵🔵🔵🔵🔵

Material:
🔵 *Rocailles opak: schwarz*
🔵 *Rocailles ceylon: weiß*
🔵 *Rocailles transparent: orange*
🔵 *Nylonfaden* 🔵 *Basteldraht*

Arbeite zunächst den Kopf und den Körper des Storches wie im Folgenden beschrieben. Du benötigst 1,50 m Nylonfaden. Ziehe zwei weiße Perlen auf den rechten Nylonfaden und führe den linken Faden gegengleich durch. Die nächsten Reihen arbeitest du gemäß der Zählvorlage. Auf der Unterseite lässt du die Augen weg. Die letzte Perle ziehst du nur einmal auf. Verknote und verschweiße zum Schluss den Faden. Die Storchenbeine werden einreihig auf Draht aufgezogen. Ziehe 30 cm Draht durch die äußeren zwei Perlen der 22. Reihe, dann arbeitest du nach der Zählvorlage weiter. Zum Schluss verdrehst du den Draht und zwickst ihn ab. Für die Flügel benötigst du zwei 30 cm lange Drähte. Ziehe je einen Draht an den Seiten des Storchenkörpers in der 14., 15. und 16. Reihe durch und fädle die Perlen einreihig auf. Für den Schnabel werden 20 cm Draht durch die mittleren drei Perlen der 5. Reihe gezogen und die Perlen einreihig aufgefädelt. Abschließend kannst du die Drähte verdrehen und abzwicken.

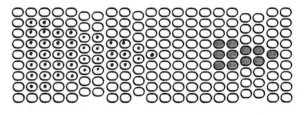

25

Küken (Abbildung Seite 25)

Material:
🔴 Rocailles transparent: zitronengelb, orange 🔴 Rocailles opak: schwarz 🔴 Nylonfaden 🔴 Basteldraht

Die erste Perle fixierst du in der Mitte des 1,20 m langen Nylonfadens. Mit drei gelben Perlen, die du auf den rechten Faden nimmst, beginnst du die Unterseite (nur gelbe Perlen) und ziehst den linken Faden gegengleich durch. Nimm dann für die Oberseite drei neue Perlen auf. Nun arbeitest du nach der Zählvorlage weiter. Denke daran, die letzte Perle nur einmal aufzuziehen! Verknote und verschweiße anschließend den Nylonfaden.

Die Flügel, der Schnabel und die Füßchen werden auf je 25 cm Draht aufgezogen. Die Perlen fädelst du laut Vorlage einreihig auf. Ziehe den Draht für den Schnabel durch die mittleren drei Perlen der 5. Reihe, den Draht für die Flügel an den Seiten in der 9., 10. und 11. Reihe und den Draht für die Füßchen durch die äußeren zwei Perlen der 16. Reihe. Zum Schluss verdrehst du den Basteldraht und zwickst ihn ab.

Schildkröten

Material:
🔴 Rocailles transparent: braun, grün und beige 🔴 Rocailles opak: gold 🔴 Nylonfaden 🔴 Drehverschluss 🔴 Ohranhänger 🔴 Basteldraht

Fixiere zuerst die goldene Perle auf einem 1,20 m langen Nylonfaden. Danach nimmst du drei beige Perlen auf den rechten Faden und ziehst den linken Nylonfaden gegengleich durch. Nun folgen drei braune Perlen. Sie bilden die erste Reihe der Oberseite. Dann arbeitest du weiter nach der Zählvorlage. Die letzte Perle bildet zugleich den Abschluss und wird nur einmal aufgezogen! Verknote und verschweiße dann den Nylonfaden.

Für die Beinchen brauchst du 4 x 20 cm Nylonfaden. Für jedes Beinchen ziehst du mithilfe einer Nähnadel den Faden an der Seite der 6., 7. und 10. und 11. Reihe des Körpers durch und fädelst die Perlen wie in der Zählvorlage angegeben doppelt auf. Die letzte Perle nur einmal aufziehen! Verknote und verschweiße zum Schluss die Fäden. Um die Halskette herzustellen ziehst du einen 50 cm langen Nylonfaden durch die erste goldene Perle und fädelst auf beiden Seiten Perlen auf, bis du die gewünschte Länge erreicht hast. Zum Schluss befestigst du einen Drehverschluss.

Die Schildkröte kannst du mit Draht auch an einem Ohrhänger befestigen.

du die Perlen für die Schwanzflosse einreihig auf. Wenn du in der letzten Reihe der Schwanzflosse angelangt bist, nimmst du den rechten Draht und ziehst ihn nochmals durch. Überspringe dabei eine Perle. Den Draht verdrehst du anschließend und zwickst ihn ab. Für die Seitenflossen benötigst du 2 x 30 cm Draht. Ein Stück ziehst du an der Seite des Fischkörpers oben durch, den anderen unten. Fädle danach die Perlen einreihig auf. In der letzten Reihe den rechten Draht nochmals durchziehen, wobei du eine Perle überspringst. Abschließend wird der Draht verdreht und abgezwickt. Mit Nähseide kannst du den Fisch oder den Pinguin aufnähen.

Pinguin

Material:
- Rocailles opak: schwarz, weiß, gold
- Rocailles ceylon: orange
- Rocailles transparent: orange
- Perlendraht • Basteldraht

Fische

Material:
- Rocailles mit roten und grünen Streifen • Rocailles opak: rot, schwarz
- Rocailles transparent: grün
- 1 rote Holzperle, Ø 4 mm
- 1 grüne Holzperle, Ø 4 mm
- Nylonfaden • Basteldraht

Die Holzperle wird als erstes in der Mitte des 1,20 m langen Fadens fixiert, beginne danach mit drei gestreiften Perlen, die auf den rechten Faden gezogen werden. Den linken Faden ziehst du dann gegengleich durch. Dies ist die Unterseite. Die Oberseite wird genauso gearbeitet. Die nächsten Reihen arbeitest du nach der Zählvorlage. Ziehe durch die drei letzten Perlen des Fischkörpers 30 cm Basteldraht. Anschließend verknotest und verschweißt du den Nylonfaden. Auf den Draht fädelst

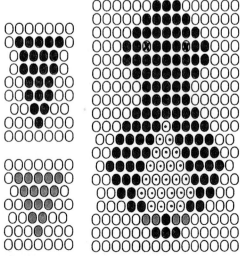

Für die Unterseite des Pinguins nimmst du drei schwarze Perlen auf die rechte Seite eines 1,50 m langen Perlendrahtes und ziehst den linken Faden gegengleich durch. Fädle die anderen Reihen nach der Zählvorlage auf. Achte darauf, dass die Unterseite nur aus schwarzen Perlen besteht. Ziehe die letzten drei Perlen nur einmal auf. Anschließend verknotest du den Perlendraht. Für den Schnabel ziehst du 20 cm Basteldraht durch die mittleren Perlen der Reihe unter den Augen. Die Perlen werden nach der Vorlage einreihig aufgezogen. Zum Schluss verdrehst du den Basteldraht und zwickst ihn ab. Die Flügel des Pinguins fertigst du genauso wie den Schnabel an. Der 30 cm lange Basteldraht wird an den Seiten des Körpers in der 8., 9. und 10. Reihe durchgezogen.

Ohren einen Faden an jeder Seite des Bärenkopfes durch und fädle die Perlen zweiseitig auf. Arme und Beine ziehst du einreihig auf Draht auf. Dazu fädelst du einfach den Draht an den Seiten des Bärenkörpers in der 9. und 10. Reihe sowie in den beiden letzten Reihen durch. Für den Schlüsselring benötigst du 30 cm Faden, den du durch die mittlere Perle der ersten Reihe des Kopfes ziehst. Über beide Schnüre gemeinsam ziehst du zwölf braune Perlen. Nimm dann die Schnüre auseinander und fädle 25 beige Perlen auf die rechte Schnur. Ziehe die linke Schnur gegengleich durch. Abschließend wird der Faden verknotet und verschweißt.

Bär

Material:
- Rocailles transparent: braun, beige
- Rocailles opak: schwarz
- Nylonfaden
- Basteldraht

Du benötigst 1,50 m Nylonfaden. Zuerst fädelst du den Körper des Bären auf. Dazu ziehst du drei braune Perlen auf den rechten Faden und ziehst den linken Faden gegengleich durch. Diese Reihe ergibt die Unterseite (nur braune Perlen) des Bären. Danach folgt die Oberseite des Bären mit drei braunen Perlen. Nun arbeitest du nach der Zählvorlage den Körper. Ziehe für die

Eule (Abbildung Seite 31)

🐚🐚🐚🐚🐚🐚🐚🐚🐚🐚🐚🐚🐚🐚🐚🐚

Material:

🐚 *Rocailles opak: braun, schwarz, gold* 🐚 *Rocailles rainbow: beige* 🐚 *Rocailles ceylon: orange* 🐚 *Nylonfaden* 🐚 *Basteldraht*

Beginne, indem du drei braune Perlen auf die rechte Seite eines 1,50 m langen Fadens auffädelst und die linke Seite gegengleich durchziehst. Nun folgt die Oberseite mit ebenfalls drei braunen Perlen. So arbeitest du den Kopf und den Körper der Eule. Die letzte Perle wird nur einmal aufgezogen! Sie bildet den Abschluss. Verknote und verschweiße dann den Nylonfaden. Für die Ohren ziehst du ein 30 cm langes Stück

Nylonfaden mithilfe einer Nähnadel an den Seiten des Eulenkopfes durch die ersten beiden Reihen und fädelst die Perlen auf. Die letzte Perle wird nur einmal aufgezogen! Anschließend verknotest und verschweißt du den Nylonfaden. Die Nase bildest du, indem du einen 20 cm langen Draht durch die mittleren drei Perlen in der Reihe nach den Augen schiebst und die schwarzen Perlen einreihig aufziehst. Den Draht verdrehst du und zwickst ihn dann ab. Zum Schluss werden die Flügel auf der Rückseite der Eule einreihig aufgefädelt. Schiebe je 20 cm Draht durch die äußeren drei Perlen der achten Reihe und fädle die Perlen einreihig auf. Abschließend verdrehst du den Draht und zwickst ihn ab. Die Eule kannst du mit einem kleinen Ast verzieren, den du mit einem Stück Nylonfaden unten am Eulenkörper befestigst.

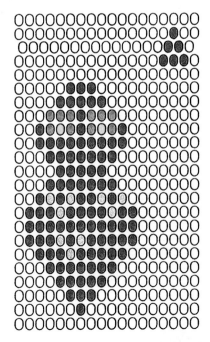

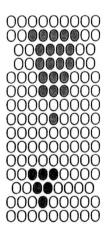